CATALOGUE

D'UNE JOLIE RÉUNION

D'OBJETS D'ART

ET DE CURIOSITÉ

Belles Tabatières, Bonbonnières et Montres, des Époques Louis XV et Louis XVI, en or émaillé, en or ciselé, Agate, Cristal de roche, Porcelaine de Saxe, etc.; Bijoux anciens; Camées et Intailles; Émaux et Miniatures; Matières précieuses; Sculptures en bois et en ivoire;

ARMES ORIENTALES & OCCIDENTALES

Porcelaines anciennes de Sèvres, de Saxe, de Chine et du Japon; Bronzes d'ameublement:

DONT LA VENTE AURA LIEU

HOTEL DROUOT, SALLE N° 8

Les Lundi 21, Mardi 22, Mercredi 23 & Jeudi 24 Janvier 1867

A DEUX HEURES

Par le ministère de Me **ESCRIBE**, Commissaire-Priseur, rue Saint-Honoré, 217,

Assisté de M. **CHARLES MANNHEIM**, Expert, rue de la Paix, 10,

Chez lesquels se distribue le présent Catalogue.

EXPOSITION PUBLIQUE

Le Dimanche 20 Janvier 1867, de 1 heure à 5 heures.

PARIS — 1867

CATALOGUE

D'UNE JOLIE RÉUNION

D'OBJETS D'ART

ET DE CURIOSITÉ

Belles Tabatières, Bonbonnières et Montres, des Époques Louis XV et Louis XVI, en or émaillé, en or ciselé, Agate, Cristal de roche, Porcelaine de Saxe, etc.; Bijoux anciens; Camées et Intailles; Émaux et Miniatures; Matières précieuses; Sculptures en bois et en ivoire;

ARMES ORIENTALES & OCCIDENTALES

Porcelaines anciennes de Sèvres, de Saxe, de Chine et du Japon; Bronzes d'ameublement;

DONT LA VENTE AURA LIEU

HOTEL DROUOT, SALLE N° 8

Les Lundi 21, Mardi 22, Mercredi 23 & Jeudi 24 Janvier 1867

A DEUX HEURES

Par le ministère de **Me ESCRIBE**, Commissaire-Priseur, rue Saint-Honoré, 217,

Assisté de M. **CHARLES MANNHEIM**, Expert, rue de la Paix, 10,

Chez lesquels se distribue le présent Catalogue.

EXPOSITION PUBLIQUE

Le Dimanche 20 Janvier 1867, de 1 heure à 5 heures.

PARIS — 1867

ORDRE DES VACATIONS

LE LUNDI 21 JANVIER 1867 :

Sculptures diverses	156 à 181
Objets variés	182 189
Armes orientales	197 230
— occidentales	231 284

LES MARDI 22 & MERCREDI 23 JANVIER 1867 :

Tabatières & Bonbonnières	1 à 60
Montres	61 82
Bijoux	88 155
Éventails	190 196

LE JEUDI 24 JANVIER 1867 :

Bronzes d'ameublement	285 à 289

Porçelaines de Sèvres, de Saxe, de Chine & du Japon.

CONDITIONS DE LA VENTE

Elle sera faite au comptant.

Les Acquéreurs paieront CINQ POUR CENT en sus des enchères, applicables aux frais.

L'Exposition mettant le public à même de se rendre compte de l'état des Objets, il ne sera admis aucune réclamation, une fois l'adjudication prononcée.

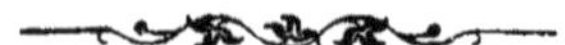

DÉSIGNATION
DES OBJETS

Tabatières et Bonbonnières.

1 — Jolie Tabatière ovale en or émaillé gris perle, à cordons et pilastres ciselés en relief, à ornements etpoints d'émail imitant l'opale. Son couvercle est enrichi d'une peinture sur émail, représentant une offrande à l'Amour; époque Louis XVI.

2 — Boîte forme navette, en or émaillé gros bleu à étoiles d'or et cordons ciselés en relief, et points d'émail rouge orangé, et ornements blancs. Époque Louis XVI.

3 — Boîte de même forme en or guilloché et à cordons et pilastres ciselés en relief émaillés vert-émeraude et rouge rubis. Époque Louis XVI.

4 — Tabatière ovale en or de couleur, à sujets champêtres ciselés en relief. Époque Louis XV.

5 — Petite Boîte ovale en ambre, montée à cage en or finement ciselés à ornements émaillés vert et blanc. Époque Louis XVI.

6 — Boîte ovale en or émaillé gros bleu et décor d'ornements sur émail blanc, son couvercle est orné d'une peinture sur émail et d'un cordon de demi-perles. Époque Louis XVI.

7 — Tabatière ovale en or gravé à ornements et émaillé en plein en couleurs variées; son couvercle présente un trophée d'armes surmonté d'un aigle tenant une couronne.

8 — Boîte ronde en or émaillé violet à cordons ciselés en relief et émaillé. Son couvercle est orné d'une peinture sur émail représentant une offrande à l'autel de l'hyménée. Époque Louis XVI.

9 — Boîte ovale en or guilloché à cordons et pilastres ciselés à fleurs et feuillages émaillés blanc et vert. Même époque.

10 — Boîte analogue à celle qui précède. Ses cordons sont ciselés en relief, et ses pilastres sont décorés de vases.

11 — Autre boîte de même forme en or guilloché, à cordons et rosaces ciselés en relief émaillés en couleur. Époque Louis XVI.

12 — Boîte de forme carrée à angles coupés, en or guilloché et ciselé à ornements. Son couvercle est orné d'une mosaïque de Dresde à damier exécutée en jaspe et agate de diverses nuances. Époque Louis XVI.

13 — Boîte de forme contournée en or ciselé à ornements et figures. Époque Louis XV.

14 — Boîte de forme oblongue en or finement ciselé à sujets de chasse festons de fleurs, draperies et ornements. Époque Louis XVI.

15 — Boîte de même forme en or gravé, enrichie de panneaux à fleurs champlevées décorées en émaux translucides.

16 — Boite de forme oblongue en or gravé, à ornements rocaille, et décorée de fleurs en couleurs sur fond d'émail opalin, et enrichie de compartiments d'émail vert.

17 — Grande boite carrée en or guilloché à quadrilles. Époque Louis XV.

18 — Tabatière ovale en or émaillé vert, décoré de cordons émaillés bleu et d'un médaillon à bouquet de fleurs émaillées en couleurs. Époque Louis XVI.

19 — Boîte ovale ouvrant dans le sens de la longueur, en or guilloché émaillé gros bleu, à pilastres et cordons décorés d'ornements, époque Louis XVI.

20 — Tabatière ovale en or guilloché et émaillé, gros bleu, ornée d'applications en or découpé et d'une peinture sur émail à figures, époque Louis XVI.

21 — Boite ovale du temps de Louis XVI, en or émaillé gris, à cordons à feuillages émaillés vert et médaillon en or de couleur.

22 — Bonbonnière ronde en or émaillé gros bleu, à étoiles et festons de fleurs appliquées en or et couleur. Son couvercle est enrichi d'un sujet de personnages et d'un cordon ciselé en relief avec demi-perles fines. Époque Louis XVI.

23 — Bonbonnière ronde en or guilloché gros bleu, étoiles d'or, à cordons ciselés en relief émaillés bleu et feuillages vert. Même époque.

24 — Bonbonnière ronde en or guilloché, émaillé violet. Son couvercle est orné d'un portrait de femme peint sur émail avec entourage d'émail vert et points d'émail blanc.

25 — Bonbonnière ronde en or guilloché, à cordons et rosaces ciselés en relief et émaillés en couleur. Époque Louis XVI.

26 — Petite bonbonnière en or émaillé en plein à sujet de personnages, bande d'émail rouge et feuillages en relief émaillé vert. Époque Louis XVI.

27 — Bonbonnière ronde en or guilloché émaillé gros bleu, enrichie d'appplications en or. Époque Louis XVI.

28 — Petite boîte ovale en or émaillé vert olive, à étoiles d'or ; pilastres et cordons émaillés en couleur. Époque Louis XVI.

29 — Boîte en or guilloché à fleurs ciselées en relief. Son couvercle est orné d'un portrait de prince autrichien sur ivoire avec entourage de pierres fines diverses.

30 — Bonbonnière ronde en or émaillé violet, à cordons ciselés en relief et émaillés en couleur. Son couvercle présente un médaillon en or ciselé à attributs. Époque Louis XVI.

31 — Boîte ronde en or guilloché émaillé bleu et cordons émaillés en couleur.

32 — Boîte analogue à celle qui précède, émaillée violet.

33 — Boîte en forme de portefeuille en or ciselé et émaillé à fleurs; elle renferme une musique.

34 — Boîte à cure-dents très-plate, en or guilloché, à sujet émaillé en couleur sur fond noir.

35 — Boîte de forme contournée en or gravé et émaillé, décorée de figures de femmes émaillées en plein.

36 — Boîte de forme oblongue en cristal de roche, taille diamantée, montée à gorge à charnière en argent doré et émaillé.

37 — Petite boite de forme carrée en agate orientale, montée en or. Son couvercle est enrichi d'ornements rocaille repoussés.

38 — Boite de forme carré-longe en or ciselé, garnie de panneaux d'écaille incrustés de nacre de perle et d'or.

39 — Boîte de forme oblongue avec monture à cage en or ciselé, et garnie de panneaux d'écaille découpés à rosaces, enrichis de turquoises et de roses.

40 — Bonbonnière ronde émaillée gros bleu, avec monture en or à cordons ciselés.

41 — Boîte ronde en verre bleu montée à cage en or gravé.

42 — Boite ronde en émail de Venise aventuriné, doublée et montée à cage en or ciselé, époque Louis XV.

43 — Boîte ronde en écaille blonde posée et piquée d'or, à oiseaux et festons de vigne, époque Louis XV.

44 — Boîte ronde en écaille doublée et montée à gorge à charnière en or. Son couvercle est orné du portrait de Napoléon Ier, peint en miniature sur ivoire avec cadre formé d'un serpent (en or ciselé.)

45 — Deux pièces : boîte ronde en écaille posée d'or à rosaces, et boîte de même forme à gorge en or ornée d'une gravure portrait d'homme.

46 — Deux boîtes ovales garnies à gorges en or, l'une en prime d'opale, l'autre en prime de grenat.

47 — Deux autres boîtes ovales montées à gorge en or, l'une en jaspe de Sicile, l'autre en caillou d'Égypte.

48 — Deux boîtes, l'une en jaspe sanguin taillée à cuvette, et l'autre en agate jaspée.

49 — Boîte carrée en nacre de perle incrustée de pois d'or et montée à gorge à charnière en or gravé.

50 — Boîte de même forme en ivoire sculpté et ornements, montée à gorge à charnière en argent doré.

51 — Deux boîtes rondes garnies en or, l'une en vernis Martin ornée d'une miniature, l'autre en poudre d'écaille incrustée d'or.

52 — Boîte ronde en purpurine montée à gorge en or ciselé et ornée d'une mosaïque de Rome représentant une colombe.

53 — Deux boîtes, l'une de forme contournée en agate montée à gorge à charnière en vermeil, l'autre en cristal de roche de forme octogone, montée en argent.

54 — Grande boîte carrée à angles arrondis en ancienne porcelaine de Saxe, décorée de sujets d'après Watteau, sur fond à rosaces en camaïeu rouge.

55 — Boîte de même forme en porcelaine de Saxe à sujets d'après Watteau, l'intérieur du couvercle présente une figure de femme à demi couchée.

56 — Autre boîte en ancienne porcelaine de Saxe décorée de sujets de chasse et de sujets champêtres.

57 — Boîte de forme contournée en porcelaine de Venise, décorée de sujets marine et d'ornements dans le style des porcelaines de Saxe.

58 — Jolie petite boîte ovale en ancienne porcelaine de Saxe, décorée de paysages avec figures, monture à gorge à charnière en or.

59 — Boîte de forme contournée et plate, de même porcelaine, décorée de sujets de marine et présentant à l'intérieur du couvercle trois personnages de la Comédie italienne ; gorge à charnière en vermeil.

60 — Deux boîtes ovales en ancienne porcelaine de Saxe et de Vienne, la première décorée de sujets d'après Watteau, la seconde décorée de figures d'après Téniers.

Montres.

61 — Belle montre du temps de Louis XV en or ciselé, enrichie d'une peinture sur émail à trois personnages.

62 — Montre Louis XVI en or ciselé, ornée d'une peinture sur émail en grisaille sur fond rose.

63 — Montre analogue à celle qui précède, sa cuvette présente un sujet d'offrande à l'Amour.

64 — Montre Louis XVI à répétition en or à cuvette décorée d'un paysage peint sur émail.

65 — Montre Louis XVI en or émaillé. Sa cuvette présente les figures de Frédéric le Grand et de l'empereur François-Joseph se donnant la main.

66 — Montre Louis XV en or ciselé, décorée d'un médaillon d'Amours, émaillé en camaïeu rose.

67 — Montre Louis XVI en or ciselé et médaillon d'émail peint en grisaille.

68 — Montre en cristal de roche, en forme de fleur de lis, monture en or émaillé dans le style des bijoux de la Renaissance.

69 — Montre de forme octogone, en cristal de roche ; monture analogue à celle qui précède.

70 — Montre Louis XVI, en or guilloché et émaillé à compartiments de diverses nuances.

71 — Montre Louis XVI, en or, enrichie d'un portrait de femme peint sur émail.

72 — Montre analogue à celle qui précède.

73 — Montre du temps de Louis XVI, en or ciselé, enrichie de jargons.

74 — Petite montre en forme de chapeau, en or émaillé gros bleu, enrichie d'une rose et de perles fines.

75 — Montre en forme de pomme, en or émaillé vert et bandes à trophées gravés sur fond d'émail noir.

76 — Montre analogue à celle qui précède, émaillée bleu empois et noir, elle porte la devise : A la plus belle.

77 — Montre du temps de Louis XV, en or ciselé à figures et ornements en relief, et enrichie de trois compartiments émaillés à figures.

78 — Montre Louis XVI, en or ciselé, à cuvette émaillée à figures en grisaille sur fond bleu.

79 — Montre en or émaillé dont la cuvette présente diverses scènes de l'histoire de Paul et Virginie.

80 — Montre Louis XVI en forme de poire, en or émaillé noir, à fleurs et ornements réservés, et enrichie d'un rang de demi-perles.

81 — Deux montres en or gravé et émaillé, en forme de coquilles et enrichies de demi-perles.

82 — Deux autres montres, l'une en or émaillé rouge et demi-perles, l'autre en forme de fruit à côtes.

Bijoux.

83 — Étui du temps de Louis XV en or de couleur ciselé à ornements et festons de fleurs.

84 — Étui Louis XVI, de forme aplatie, en or émaillé gros bleu et filets blancs.

85 — Étui Louis XVI analogue à celui qui précède, émaillé bleu empois.

86 — Carnet porte-tablettes du temps de Louis XVI, en or ciselé, à ornements et enrichi de deux peintures sur émail.

87 — Étui du temps de Louis XVI, en or repoussé, à figures et ornements, avec poussoir en brillant et garni de ses ustensiles en or.

88 — Bijou destiné à être suspendu, en argent ciselé et doré, présentant un buste de personnage en haut-relief, et garni de trois perles fines.

89 — Flacon en verre monté et garni d'ornements en or repoussé de style rocaille ; bouchon émaillé à dragon.

90 — Souvenir en émail décoré de groupes de figures en grisaille sur fond rose et monté en vermeil.

91 — Autre souvenir analogue à celui qui précède, décoré de figures en camaïeu rouge sur fond jaune.

92 — Souvenir de forme carrée en émail à bandes bleues et or et décoré de médaillons de personnages.

93 — Souvenir en ivoire monté en or ciselé du temps de Louis XVI et autre souvenir garni de pointes d'acier.

94 — Deux pièces en porcelaine de Saxe : flacon formé de deux dauphins dans une coquille et béquille de canne à tête de femme en ronde bosse.

95 — Croix en cristal de roche, taille diamantée, montée en or emaillé.

96 — Croix en or émaillé, gros bleu d'un côté et vert de l'autre. É.oque Louis XVI.

97 — Bague juive en or à clochetons découpés à jour.

98 — Autre bague juive analogue à celle qui précède, enrichie de rosaces d'émail.

99 — Bague en or émaillé à mascarons et toit ouvrant, dans le style du XVIe siècle.

100 — Deux bagues en or enrichies de diamants et de roses.

101 — Deux bagues ornées de camées sur calcédoine à deux couches représentant des bustes de femme.

102 — Deux bagues en or ornées d'intailles, l'une sur cornaline, l'autre sur jaspe. Cette dernière est de travail antique romain. La monture de l'autre est du XVI, siècle.

103 — Bague en or, ornée d'une intaille sur agate orientale, tête de Pâris, gravée par Pikler.

104 — Deux autres bagues ornées d'intailles, l'une sur agate barrée représente une nymphe couchée ; l'autre sur calcédoine offre la figure de Méléagre debout.

105 — Bague du XVIe siècle en or émaillé. Son chaton est orné d'un saphir.

106 — Deux bagues en or émaillé noir, ornées de turquoises.

107 — Deux autres bagues en or émaillé, l'une ornée d'un saphir, l'autre d'un rubis.

108 — Bague en or ornée d'une intaille sur grenat cabochon, représentant Antinoüs debout.

109 — Deux bagues en or, l'une enrichie d'une médaille antique et l'autre en filigrane.

110 — Deux bagues, l'une en or avec intaille sur jaspe, l'autre ornée d'un camée, tête de femme.

111 — Trois bagues dont deux ornées d'intailles en pâte de verre, la troisième en or avec bouquet de fleurs en pierres fines.

112 — Intaille sur sardoine orientale à deux couches: sylphide dansant.

113 — Deux camées: buste de femme signé Girometti et tête de Minerve casquée sur agate à deux couches.

114 — Intaille sur topaze, représentant une scène tirée de l'histoire de Psyché. On lit au bas: Menier pinx. Beltrami inc. 1819. Sommariva possiede.

115 — Lorgnette dont le pourtour est en or émaillé gros bleu et gravé à ornements.

116 — Petit pistolet à crosse en or émaillé noir et rinceaux gravés.

117 — Couvert en vermeil à manches émaillés à figures en camaïeu rose; il se compose de deux cuillères, une fourchette, un couteau et une petite boîte ovale.

118 — Plaque d'ordre en argent avec applique en or émaillé et pierreries représentant un archevêque.

119 — Parure en or et en argent émaillé, enrichie de diamants-tables et perles fines ; elle se compose du collier, de la broche, de deux pendants d'oreilles et deux petites appliques. Style Louis XIII.

120 — Collier en or et en argent émaillé noir et blanc, enrichi de perles fines et garni à sa partie inférieure d'un Saint-Esprit orné de diamants-table.

121 — Onze épingles en or émaillé, enrichies de perles fines et de turquoises. Epoque Louis XIII

122 — Ceinturon composé d'ornements en argent doré et émaillé découpés à jour et enrichis de perles fines ; travail de la fin du XVIe siècle.

123 — Six pièces : quatre appliques découpées à jour en or et rubis, plaque de bracelet et pendentif en filigrane d'argent émaillé.

124 — Miniature ovale sur vélin, attribuée à Petitot, portrait de la duchesse de Savoie.

125 — Médaillon ovale peint sur émail et en grisaille : Vénus et Amour.

126 — Plaque de forme carré long ; peinture sur émail et sur or, représentant l'Histoire implorant le Temps ; travail de Genève.

127 — Email ovale sur or, représentant une femme et deux Amours.

128 — Miniature ovale très-fine sur ivoire, portrait de jeune homme dans la manière anglaise.

129 — Portrait d'homme peint sur émail, époque Louis XV.

130 — Portrait d'homme peint sur émail et sur or, monté en broche en argent doré.

131 — Autre broche ornée d'une peinture sur émail, entourée de demi-perles.

132 — Portrait de femme peint en miniature sur ivoire et monté dans un médaillon en bas or.

133 — Broche de forme ronde ornée d'une peinture sur émail et sur or.

134 — Autre broche ornée d'une peinture sur émail et plaque d'or émaillé provenant d'une cuvette de montre.

135 — Deux peintures sur émail et sur or: l'une représente la ville de Francfort et l'autre un sujet de marine.

136 — Deux peintures sur émail: l'une, sur or, représente un sujet allégorique, l'autre montée en argent avec entourage de cailloux du Rhin.

137 — Quatre pièces : deux peintures sur émail, une plaque de bracelet et un petit médaillon en biscuit de Wedgwood.

138 — Deux miniatures ovales sur ivoire: portrait d'homme et portrait de femme montés en médaillons en or.

139 — Deux portraits à l'huile sur cuivre, avec cadres en argent repoussé.

140 — Miniature ronde sur ivoire, représentant cinq membres d'une famille souveraine d'Allemagne.

141 — Grande coupe en forme de coquille émaillée bleu, supportée par une figure d'homme en vermeil avec draperies émaillées vert.

142 — Coupe ovale à couvercle, montée sur pied élevé, en cristal de roche, et garnie en argent doré et émaillé.

143 — Autre coupe en cristal de roche, supportée par une figurine de Négrillon debout en argent émaillé.

144 — Coupe à lobes en cristal de roche.

145 — Autre coupe de forme analogue à celle qui précède, en cristal de roche.

146 — Grand vase forme balustre à pans, en cristal de roche gravé et à deux anses prises dans la masse, socle de même matière et couvercle surmonté de deux chimères. Travail chinois.

147 — Vase analogue à celui qui précède, mais plus petit, même travail.

148 — Autre vase analogue à ceux qui précèdent et de même travail; ses anses sont garnies d'anneaux mouvants.

149 — Deux figurines debout, en cristal de roche, travail chinois.

150 — Vase à couvercle en forme de balustre aplati, en jade verdâtre, décoré de caractères dorés.

151-152 — Quatre petites coupes en cristal de roche, de forme ovale, taillées à canaux creux. Ce lot sera divisé.

153 — Coupe ronde en jade vert à deux anses prises dans la masse, et coupe carrée en pâte de verre.

154 — Couvert en vermeil à manches d'émail à fleurs sur fond blanc.

155 — Deux pièces : boussole avec cadran solaire en argent et boussole analogue montée en guise de médaillon en or.

Sculptures.

156 — Ivoire : sculpture en haut relief représentant la sainte Famille; travail du XVIIe siècle.

157 — Ivoire : figure de saint Sébastien martyr, sculpture en haut relief du XVIIe siècle.

158 — Ivoire : bas-relief ovale représentant le jugement de Pâris.

159 — Ivoire : bas-relief ovale représentant la toilette d'une faunesse par un satyre ; dans un cadre en bois sculpté et doré, à figures et mascarons.

160 — Ivoire : deux statuettes sculptées en ronde-bosse représentant le Christ à la colonne.

161 — Ivoire : quatre manches de couteaux représentant des figures mythologiques.

162 — Ivoire : deux couteaux à manches formés de groupes d'animaux.

163 — Ivoire : sculpture en bas relief représentant le Christ au roseau vu à mi-corps.

164 — Ivoire : trois bas-reliefs ; jeux d'enfants, Pyrame et Thisbé et Vulcain.

165 — Ivoire : volet de diptyque représentant le baptême de saint Jean, ouvrage du XIIe siècle.

166-167 — Ivoire : quatre volets de dyptique représentant le Christ en croix et l'adoration de la Vierge. Ils seront vendus par deux.

168 — Ivoire : diptyque, sculpture dans le style du XIVe siècle représentant le Christ en croix et l'adoration de la Vierge.

169 — Ivoire : bénitier dont le médaillon sculpté en bas-relief représente la descente de croix, d'après Rubens, la coupe est décorée de cariatides de femmes supportant des festons de lauriers.

170 — Os : coffret vénitien du XIVe siècle, en marqueterie, enrichi de figurines et de frises en os sculpté.

171 — Fer : figurine de guerrier casqué debout; ouvrage de la fin du XVIe siècle.

172 — Pierre lithographique : sculpture en bas-relief représentant Catherine de Médicis nue vue à mi corps. Cette figure est placée sous un monument à plein cintre surmonté du blason des Médicis.

173 — Pierre de Kehlheim : deux médaillons ovales sculptés en haut-relief; l'un d'eux représente Suzanne et les Vieillards et l'autre Bethsabé au bain.

174-175 — Bois : cinq médaillons ronds représentant des bustes de personnages divers du XVIe siècle sculptés en bas-relief.

176 — Bois : petit cheval se cabrant, sculpté en ronde-bosse ; XVIIe siècle.

177 — Bois : six cuillères à manches formés de figurines debout : personnages jouant de divers instruments.

178 — Bois : deux étuis en bois sculpté à figures et ornements.

179 — Bois : quatre petits bustes personnages divers.

180 — Bois : deux bustes de femmes un peu plus grands que ceux qui précèdent.

181 — Ivoire : petit cippe présentant au pourtour des chevaux en liberté combattant.

Objets variés.

182 — Tableau vénitien de forme octogone, en cuivre doré, enrichi d'inscrustations en corail et offrant au pourtour des ornements en cuivre découpés à jour et emaillés blanc, à têtes de chérubins et rosaces en corail, XVIe siècle.

183 — Deux plaques en fer repoussé, damasquinées d'or; l'une d'elles représente la tentation d'Ève par le serpent, xvie siècle.

184 — Deux petites cassettes, l'une en fer gravé, l'autre en cuivre gravé et doré.

185 — Jolie miniature sur vélin attribuée à Brentel et représentant une fête villageoise; composition d'un grand nombre de figures ; au fond, vue de ville très-soignée.

186 — Cartel en cuivre gravé et doré, avec mouvement de montre; travail du xviiie siècle.

187 — Petit coffret en bois noir à couvercle bombé garn de panneaux en fer gravé et doré, et enrichi d'appliques en argent doré.

188 — Coffret gothique à couvercle bombé, en fer enrichi d'ornements et de fermoirs découpés à jour, xve siècle.

189 — Petit meuble en bois d'ébène enrichi de peintures sur verre représentant divers sujets tirés de l'histoire de l'Enfant prodigue, figures mythologiques et d'autres représentant les Saisons; il est enrichi d'appliques en argent, xvie siècle.

190-196 — Douze éventails en nacre de perle et ivoire finement sculptés, ornés de jolies feuilles peintes, et qui seront vendus séparément.

Armes orientales.

197 — Poignard à lame courbe en damas damasquiné en or et poignée en agate orientale avec monture en vermeil enrichie de rubis et d'émeraudes; le fourreau en velours est garni en or incrusté de rubis, d'émeraudes et de diamants; travail oriental.

197 bis. — Sabre persan à lame courte en damas ; poignée et fourreau en argent émaillé, à fleurs et animaux en couleurs. La poignée se termine par une tête de bélier.

198 — Petit couteau-poignard à fourreau et poignée en argent garnie de grenats. Le fourreau est enrichi de rosaces émaillées en couleur ; travail oriental.

199 — Très-beau Criss malais, à fourreau en or massif, ciselé à fleurs en relief, enrichi de diamants. Sa poignée en ivoire finement sculpté, a sa virole en or, garnie aussi de diamants. Pièce d'une grande richesse.

199 *bis*. — Poignard à manche en jade verdâtre, à garde prise dans la masse et à fleurs et fruits finement gravés, découpés à jour. Travail de l'Inde.

200 — Poignard à lame évidée en damas, poignée en morse garnie en filigrane d'argent et corail ; fourreau en velours rouge garni en fer damasquiné d'or.

201 — Fer de lance en damas à douille damasquinée en or, travail persan.

202 — Masses d'armes à ailerons en fer damasquiné d'argent à rinceaux, travail persan.

203 — Masse d'armes analogue à celle qui précède.

204 — Hache d'arme damasquinée avec hampe en velours rouge, garnie en fer damasquiné, même travail.

205 — Yatagan à fourreau en argent repoussé à fleurs et rinceaux, enrichi ainsi que sa poignée en morse d'un beau travail de grainetis.

206 — Autre yatagan à fourreau en argent repoussé, enrichi d'une triple frise d'ornements découpés à jour, poignée en morse garnie en argent et coraux.

207 — Yatagan analogue à celui qui précède mais plus petit, Il est garni de sa chaîne en argent ; sa lame est incrustée d'argent.

208 — Yatagan avec fourreau garni en argent repoussé et poignée en morse.

209 — Yatagan à fourreau repoussé à rosaces et ornements, poignée en ivoire garnie en argent.

210 — Yatagan à fourreau en cuivre gravé et incrusté de cabochons en verre de couleur.

211 — Yatagan à poignée en buffle garnie en argent doré et pierreries, fourreau en cuir gaufré.

212 — Yatagan à lame portant une inscription incrustée en argent et poignée en ivoire garnie en argent ; fourreau en maroquin rouge garni en argent repoussé.

213 — Poignard à lame évidée, à poignée en morse garnie ainsi que le fourreau en argent repoussé.

214 — Petit poignard à fourreau en argent à ornements niellés et enrichi de turquoises.

215 — Poignard à lame courbe, poignée en morse, fourreau en argent.

216 — Flissah avec fourreau en bois sculpté et poignée en cuivre gravé.

217 — Deux paires de ciseaux en fer damasquiné en or, travail persan.

218 — Fusil albanais avec canon damassé et monture partie en fer et partie en argent repoussé.

219 — Fusil dont le bois est enrichi d'une incrustation de cuivre et d'ivoire.

220 — Fusil à deux coups monture en bois garni en argent niellé, travail de Toula.

221 — Fusil dont la monture en bois est enrichie d'incrustations de nacre de perle gravé et de cuivre ; garniture en argent repoussé.

222 — Deux beaux pistolets albanais dont la monture est entièrement couverte d'une riche ornementation en argent partie filigranée, partie ciselée et partie travaillée au grainetis, avec incrustations de corail.

223 — Deux autres pistolets albanais à montures en argent ciselé en relief.

224 — Monture de pistolet en argent.

225 — Harnachement de cheval en maroquin rouge garn d'ornements argentés.

226 — Selle garnie d'ornements en argent niellé.

227 — Autre selle enrichie d'incrustations de nacre de perle et avec étriers damasquinés en or.

228 — Ceinture albanaise en cuir clouté d'ornements et masse d'armes en cuivre doré.

229 — Sabre à lame courbe, à poignée en damas richement damasquinée en or, travail indien.

230 — Sabre à lame courbe, à poignée et garniture de fourreau en argent ciselé, à ornements et fleurs. La poignée est enrichie d'une émeraude et d'une amethyste.

Armes occidentales.

231 — Arquebuse à rouet dont le bois est enrichi d'incrustations d'ivoire et de nacre gravés à figures et animaux.

232 — Arquebuse analogue à celle qui précède. Sa batterie a été transformée à pierre.

233 — Mousquet analogue aux pièces qui précèdent.

234 — Mousquet à rouet dont le bois est enrichi d'incrustations de nacre et d'ivoire.

235 — Petite arquebuse à rouet enrichie de fines incrustations d'ivoire gravé, batterie en fer gravé à sujet de chasse.

236 — Pistolet à rouet dont la monture en bois est incrustée d'ivoire.

237 — Carabine à rouet dont la monture est incrustée d'ivoire gravé et la batterie gravée à figures et ornements.

238 — Petite carabine à rouet dont la monture est incrustée d'ivoire et enrichie de fines incrustations en fer gravé et repercé à jour.

239 — Arquebuse dont le bois est incrusté d'ivoire et de nacre gravé. Le canon est ciselé à cariatides et ornements.

240 — Fusil dont la monture se compose d'ornements en fer gravé et découpé à jour.

241 — Fusil à deux coups dont la monture en bois est incrustée et garnie d'ornements en argent ; époque Louis XV. Le canon porte l'inscription suivante : canon à rubans, fer de faux.

242 — Carabine à rouet dont la monture en bois sculpté est garnie d'ornements en cuivre découpé. Batterie en fer gravé à sujet de chasse. Le canon porte les noms Johann Gaspar Rudolph.

243 — Fusil à double batterie à pierre en fer gravé.

244 — Fusil dont le bois est enrichi d'un cloutage d'argent.

245 — Deux pistolets à rouet dont les pommeaux de forme sphérique et la monture sont enrichis d'incrustations en ivoire. XVIe siècle.

246 — Deux pistolets analogues à ceux qui précèdent, mais moins riches.

247 — Deux pistolets avec montures incrustées d'ivoire et de nacre et pommeaux à têtes casquées sculptées en ivoire.

248 — Pistolet d'arçon à rouet dont le bois est incrusté d'ivoire gravé. XVIe siècle.

249 — Deux pistolets avec garnitures en fer finement ciselé à ornements. Les canons portent le nom de Lazzarino Cominazzo.

250 — Deux pistolets avec canons damassés et monture garnie et incrustée d'ornements en argent.

251 — Deux pistolets analogues à ceux qui précèdent. Leurs canons portent l'inscription : François Penel, à Paris.

252 — Deux jolis pistolets dont les batteries, canons, pommeaux et sous-gardes sont en fer finement ciselé à figures, bustes et animaux. Ils portent le nom Franz Peret. Époque Louis XV.

253 — Deux pistolets garnis en fer ciselé et damasquiné d'or, époque Louis XV.

254 — Pistolet à rouet avec monture en bois noir ; son canon damasquiné en or porte les noms Joannes Henry IV, anno 1602.

255 — Deux pistolets garnis d'ornements en argent repoussé.

256 — Deux autres pistolets garnis d'ornements en cuivre doré et canons en acier doré avec réserve d'ornements et trophées.

257 — Deux pistolets à rouet.

258 — Deux pistolets avec batteries à percussion.

259 — Deux pistolets à baïonnettes. Les bois sont incrustés d'argent.

260 — Deux pistolets. L'un d'eux est garni d'ornements en fer ciselé et l'autre d'ornements en cuivre doré.

261-263 — Six épées diverses dont une à deux mains.

264 — Deux épées de cour, à poignées garnies en argent.

265 — Deux épées à poignées damasquinées en argent.

266 — Deux épées dont une ciselée et damasquinée en or ; la garniture du fourreau de cette dernière porte le blason de France et sa lame porte les inscriptions suivantes : Ne me tire point sans raison, ne me remets pas sans honneur.

267 et 268 — Huit fers de lances ou hallebardes. Ce lot sera divisé.

269 — Casque en fer gravé à figures et ornements.

270 — Pulvérin de forme circulaire en bois, enrichi d'incrustations en ivoire.

271 — Deux cartouchières en bois incrusté d'ivoire.

272 et 273 — Quatre cartouchières en fer repoussé à figures de cavaliers et ornements.

274 — Amorçoir en ivoire sculpté à figures d'animaux.

275 — Poignard à manche d'ivoire, composé de groupes d'enfants finement sculptés dans le style de François Flamand, fourreau en velours rouge garni en ivoire.

276 — Poignée d'épée en acier finement ciselé à trophées d'armes et doré, époque Louis XV.

277 — Coquille et pommeau d'épée en acier finement ciselé à figures et ornements, XVIIe siècle.

278 — Deux coquilles d'épées finement ciselées à trophées et damasquinées en or.

279 — Deux poignards à poignées en ivoire sculpté à figures et à lames gravées à ornements.

280 — Petit poignard à poignée en fer ciselé à têtes de dragons et ornements.

281 — Garniture de fusil en fer ciselé à figures et animaux.

282 — Un petit modèle de canon et trois petits mortiers en bronze.

283 — Trois gantelets en maille.

284 — Poignée d'épée en fer damasquiné d'argent à figures.

Bronzes d'Ameublement.

285 — Deux candélabres du temps de Louis XVI, à figures de femmes en bronze supportant chacune trois branches porte-lumières à rinceaux en bronze ciselé et doré au mat. Socles en marbre blanc.

286 — Deux petits bras-appliques à deux lumières en bronze ciselé et doré, enrichis de guirlandes de lauriers. Epoque Louis XVI.

287 — Cartel Louis XV en bronze doré, modèle rocaille.

288 — Pendule allemande à quatre faces, en bronze doré et gravé à clochetons sur socle en marbre blanc. XVIe siècle.

289 — Vase de forme ovoïde en porcelaine gros bleu à côtes, monté et garni de trois branches porte-lumières en bronze doré.

PORCELAINES

Garnitures de cinq pièces, Vases, Potiches, Cornets, Plats, Assiettes, Tasses, etc. en ancienne porcelaine de Chine et du Japon.

Groupes, Statuettes, Vases, Cabarets, Assiettes, Tasses, en ancienne porcelaine de Sèvres, de Saxe et d'Allemagne.

Nota. — Ces Porcelaines ne devant être déballées que le jour même de l'Exposition, il nous est impossible d'en donner ici la nomenclature détaillée.

Renou et Maulde, imprimeurs de la Compagnie des Commissaires-Priseurs, rue de Rivoli, 144 90

www.ingramcontent.com/pod-product-compliance
Ingram Content Group UK Ltd.
Pitfield, Milton Keynes, MK11 3LW, UK
UKHW020528180726
13839UKWH00005B/2370

9 782329 554396